밭詩

밭詩

김준태 시집

문학들

차례

제1부

제2부

제3부

제4부

제1부

길

어디로
가야 길이 보일까
우리가 가야 하는

길이 어디에서 출렁이고 있을까

더러는 사람 속에서 길을 잃고
더러는 사람 속에서 길을 찾다가

사람들이 저마다 달고 다니는 몸이
이윽고 길임을 알고 깜짝깜짝 놀라게 되는 기쁨이여

오 그렇구나 그렇구나
도시 변두리 밭고랑 그 끝에서
눈물 맺혀 반짝이는 눈동자여

흙과 서로의 몸속에 씨앗을 뿌리는 사람이 바로 길이
었다.

봄날시작詩作

경칩 날, 詩 한 편 써서 밭고랑에 뿌려 주었더니
저것 봐라, 펄떡펄떡 뛰어오르는 토종 개구리들!

땅

땅 위에
씨앗을 뿌리면
밭이 되지만

땅 위에
씨앗을 뿌리지 않으면
총칼이 쌓인다.

햇빛 눈부시던 날

밭에 갔더니 밭이 내게 손 내밀어 가만히 호미를 쥐어 준다
밭에 갔더니 밭이 고향의 아버지처럼 삽과 괭이를 쥐어 준다
밭에 갔더니 밭이 내게 쟁기를 불쑥 들어 올려 쥐어 주면서
여보게, 김준태 시인, 하늘과 땅 사이 이렇게 햇빛도 좋으니
밭을 시원시원하게 갈아엎어 원 없이 씨앗들을 뿌리라 한다
그 씨앗들이 자라 지평선을 아득히 이루는 것을 즐기라 한다.

정월단심正月丹心

눈 쌓인 밭에 가서
천지天地를 우러렀더니
삼동三冬 칼끝 잎에 문 마늘촉
매운맛 잃지 않으렴인지
눈 속에 더 푸르러라.

*삼동三冬 : 겨울 석 달

저녁노을

거리에서 싸우던 두 사나이가
밭으로까지 뛰어들어 싸우더니
밟힌 곡식알 으깨지는 소리 듣고
허허 내가 잘못했소, 아니 그때
내가 먼저 잘못했소이다, 하면서
어린아이들처럼 서로를 껴안는다
그것이 참말로 보기가 좋았는지
서편 하늘이 이들 두 사람 얼굴을
붉은 노을로 곱게 물들여 주었다.

법정 스님께서

그랬지요 선승禪僧 법정 스님께서
입적하시기 전에 찬찬히 말씀하시길
사람이 죽으면 그 사람이 가진 것들도
그와 함께 모두 같이 죽는다고 했어요
사람이 죽으면 그가 읽어 둔 서적들과
숟가락 젓가락, 거울 속 그림은 물론
그가 앉은 나무의자 먹빛 고요도 죽고
그가 어루만지고 쓰다듬고 입 맞추고
심지어는 돌탑 속에 깊숙이 모셔 넣은
말, 언어, 문자도 다 죽는다고 했지요
그가 본 하늘의 구름, 무량無量도 죽고
허나 망자亡者와 죽지 않는 게 있지요
아무리 작은 강물이라도 한곳에 모여서
무엇이 되는 쪽으로 반짝반짝 흘러가고
더욱이 우리 사랑하는 아가들의 웃음은
이 꽃 저 꽃 찾아다니며 피어난다는 것!

*법정(法頂, 1932~2010)

봄밤, 쌍둥이네집 풍경

맞벌이 나간
며느리가 야근하는 밤
환갑을 넘긴 늙은 아내가
쌍둥이 손자들 잠재우다가
오른쪽 왼쪽 다독거리다가
세상모르고 잠에 떨어졌다

낮 동안 얼마나 피곤했는지
자신의 쭈글쭈글한 두 젖을
쌍둥이 녀석들에게 나눠 주고
허, 코까지 드르렁 드르렁 곤다

젖 하나는
왼쪽 녀석에게 쥐어 주고
젖 하나는 오른쪽 녀석에게 쥐어 주고
봄바다 노를 저어가듯이 나란히 잠잔다.

플라스틱 탁상시계도

고장 난 탁상시계를 비닐봉투에 담아
쓰레기통에 버리려고 잠시 멈칫했더니
나사가 몇 군데 빠진 놈인데도 불구하고
이것 봐라, 똑딱똑딱 가고 있지 않는가

분침과 시침은 물론 초침도 구부러지고
벨을 울리는 기능도 다 돼 버린 녀석인데
아니 어떻게 저렇듯 소리를 내는 것일까
똑딱똑딱! 그 소리가 우리 사람들 숨소리
같기도 하고 맥박이 뛰는 소리로도 들려
차마 쓰레기로 버릴 수가 없어 망설였다

부서진, 고장 난 탁상시계 속에서 어쩌면
벌컥벌컥 숨 쉬고 있을 시간의 푸른 숨통!
그러면 그럴까 플라스틱으로 만든 시계도
사람 체온이 닿으면 사람의 체온을 넣으면
아하 똑딱똑딱 눈물을 소리내는 것이었다.

가을에서 겨울까지

사랑하라고
찬바람이 붑니다
서로의 시린 어깨를 부비라고

사랑하라고
나뭇잎들이 떨어집니다
서로의 시린 발등을 덮어 주라고

사랑하라고
더 먼 곳으로 떠나가서도 산들은
봉우리마다 흰 눈을 쌓아 올립니다
서로의 숨결과 얼굴을 잊을까 봐

사랑하라고
더 먼 곳으로 날아가서도 새들은
숲의 가지인들 쉬지 않고 날아갑니다
행여 노래가 흐르는 길 벗어날까 봐

마음과 향기
또한 슬픔에 바래질까 봐
잎 지는 가을에서 눈 나리는 겨울까지

아 사랑하라고
사랑하라고 찬바람은 불어오고 불어갑니다
두 눈에 흐르는 눈물도 별빛인 듯 반짝여 주면서!

아름다운 전설

옛날, 참으로 아득한 옛날 이야기입니다
어느 나라 어느 고을 어느 골짜기 마을에
이마에 뿔이 돋은 사람이 살고 있었는데
아니, 산에 가더니 쓸 만한 나무가 없다고
이것저것 가리지 않고 베어 버렸다고 해요
닥치는 대로 도끼로 쓰러뜨려 버렸다 하니
자기 맘에 드는 것들만 놔두고 싶었겠지요
(하지만 숲이 숲인 것은 기둥감만 아니라
쓸모없다는 나무도 자라야 숲이 되는 것!)
쭉쭉 뻗은 나무가 집 기둥감으로 쓰일 때
그랬어요, 겨울이 닥쳐오자 쓸모없는 나무는
마을 사람들의 아궁이를 지피는 것이었어요.

티그리스강 언덕까지

밭은
폭탄이 떨어지는 날도

밭은
비둘기에게 나눠 먹일
파란콩 노란콩 붉은콩 검은콩 하얀콩 점박이콩의
콩나무가 자라도록 지평선 멀리까지 드러누워 준다

황하에서 갠지스강까지 나일강에서 티그리스강 언덕까지 드러눕는다.

소년

밭에는 소년이 살고 있습니다

할아버지의 쟁기질 솜씨를 잘 배운
소년이 먼 옛날부터 살고 있습니다

— 세월이 가도
늙을 줄 모르는 소년이 있어

밭은 하늘 끝까지 땅을 갈아엎어 놓고
먼 강물도 불러서 가슴 설레는 것이었습니다.

신화

천공의 신
우라노스의 남성을
자른 자는 그의 아들 크로노스!

어허, 그럼
애비와 아들이 싸운 자리에
다시 꽃과 나무와 곡식을 심는 자는

대지의 신 어머니 가이아의 둥근 흙!

밭詩, 수채화

둥근 달밤이었습니다

밭에 가서
가만가만 울었더니

슬픔은
그 울음으로
푸른 콩밭이 되었습니다
그 울음으로 붉은
수수밭이 되었습니다

님 없는 밤이었습니다

밭에 가서
가만가만 울었더니

슬픔은
그 울음으로

어린 새끼를 등에 업은
어미 메뚜기의 날개로 반짝이는 것이었습니다.

나무 혹은 양 떼들에 대한 음악

낮은 곳에는 낮은 가지의 잎사귀를 내려뜨려 양 떼들이 뜯게 하고

높은 곳에는 높은 가지의 잎사귀를 퍼뜨려 키 큰 짐승들이 따 먹게

해 주는 나무! 나무들이 얼마나 사랑스럽고 아름다웠는지 하느님께선

날마다 그들의 긴 머리를 어루만져 주고 살랑살랑 빗질을 해 주신다.

나무 혹은 푸른 몸에 대한 음악

나무는 걸어 다니거나 날아다니거나 어디에나 주저 앉지 않는다
하루 종일 논밭에서 쟁기를 끌은 소牛가 서서도 잠을 자듯이
큰 눈망울 지그시 감고 서서 잠을 잔다는 흙에서 태어난 나무는
죽을 때까지 제자리에 서서 숱한 세월을 견딘다 그래 그런 걸까
제자리를 떠나지 않기 때문에 나무는 늘 푸른 몸을 가진 것일까.

나무 혹은 나목에 대한 음악

자신의 잎사귀를 죄다 떨구어 버린 나목들만이 다음
해에 완전한
봄을 맞이할 수 있는 것이렷다! 손가락이라고 생긴
손가락은 모두
내밀어 자신의 잎새들만 움켜쥔 나무들은 새봄을 맞
이하여도 결국
헌 잎새, 헌옷을 그대로 입을 수밖에 없나니—저기
겨울 산등성이
하늘을 우러러 매 맞으며 서 있는, 오 하얀 눈송이를
뒤집어쓴 채
찬바람에 살점 찢겨 나가는, 사자나 늑대 표범이나
여우도 오를 수
없는 고독의 정상에 서서 자신의 몸 전부를 타악기,
현악기, 관악기
로 내놓는 나목! 죽음마저도 놀다 가게 하는 벌거숭
이 나무의 음악!

제2부

다시, 지평선에 서서

두 손에
흙을 쥐고

사방을
휘둘러보다가

나 또한
툭-
한 알의 씨앗으로 선다

원효元曉

우리 원효님 이윽고 오시네
동서남북 벽선을 두루 마치고
누워 천정 올리는 와선 마치고
하얀옷 돌 속으로 들어가시네
춤추며 쇳덩이 같은 돌 속으로
들어가 둥근 해 들고 나오시네
춤추며 쇳덩이 같은 시공 속으로
들어가 둥근 달도 들고 나오시네
꽝꽝 돌 속 연꽃 꺾어 나오시네

*벽선壁禪·와선臥禪·시공時空

사람의 몸

사람의 몸은
악기樂器다

하느님께서
흙으로 빚어 준

현악기와
타악기
관악기가 함께
울려 퍼지는

사람의 몸은 악기창고!

아름다운 것들은 왜 둥글까

어찌하여
아름다운 것들은 둥근 것일까

논에서 자라는 곡식들
밭에서 자라는 보리 밀
콩 녹두 수수 알갱이여

저 먼 푸른 벌판으로
흩어진 마음을 불러 모아
훨훨 날개 달아 보내노라면

노래의 둥근 씨앗들이여
살아서 아름다운 것들의 몸부림이여

어찌하여
뚝뚝 떨어지는 피는 둥글고
또 어찌하여
얼굴을 적시는 눈물도

하염없이 흘러내리면서 둥근 것일까

바라보라
밤엔 달이 둥글고 낮엔 해가 둥글다!
바라보라
하얀 접시꽃은 하얗게 둥글다
온 산천에 피는 꽃들의 향기도 둥글까

논길 밭길 걸어서
떠나는 사람들의
둥근 뒷모습
가을엔 단풍숲 헤쳐 길 찾아가는
사람들의 둥근 이마와 둥근 앞모습
오 검은 눈동자의 찬란한 반짝임!

어찌하여
아름다운 것들은 둥근 것일까

그렇게 둥근 것일까
총구멍도 둥글다고 하지만

끝없이
흘러내리는 피와 눈물은
저렇듯 붉게, 저렇듯 하얗게 둥근 것일까
논밭 그득히 물결치는 씨앗들처럼 영원히 둥근!

마음

밭에 가서 하하 웃었더니 밭곡식들도 하하 웃었다
논에 가서 하하 웃었더니 논곡식들도 하하 웃었다
밭에 가서 휘파람 불었더니 밭도 휘파람을 불었다
논에 가서 아야어여 했더니 논도 아야어여 말했다
밭에 서서 하늘을 쳐다보자 밭도 하늘을 쳐다본다
논에 서서 발 동동 굴렀더니 논도 발 동동 구른다

노래

봄이 오면
먼 산의 바람
먼 산의 구름
먼 산의 꽃
모두 우리 님이어라
모두 우리 가슴이어라

봄이 오면
먼 벌판의 나무
먼 벌판의 사람
먼 벌판의 불빛
모두 우리 꿈이어라
모두 우리 노래이어라

봄이 오면
먼 바다의 물결
먼 하늘의 새들
먼 강기슭의 풀잎

모두 사랑이어라
모두 우리 그리움
모두 우리 몸부림이어라

동화童話

미루나무들도 하나둘 어깨를
흔들며 놀러 나온 강변이었습니다
아이 녀석 둘이 싸우고 있었습니다
내가 잘했다 아니야 내가 잘했다
서로 자기가 옳다고 주먹질을 하더니
이윽고는 서로의 콧잔등을 때렸습니다

밤꽃과 아카시아 꽃이 다투어 피는 유월이었습니다
그게 보기에도 영 안타깝고 말하기도 영 뭐 했는지
강 언덕을 휘감고 놀던 찔레꽃이 하얗게 울었습니다
마을에서 누군가를 뒤따라 나왔을 채송화, 장미들도
두 아이 녀석 대신 붉디붉은 코피를 흘려주었습니다.

나무들

오매
저것 봐 저것 봐

무등산
나무들 좀 봐

자기 살을 찢어
자기 몸을 열어

저렇도록 연푸른
새 잎새를 내밀다니

저것 봐 저것 봐
무등산 바람재 너머

나무, 나무, 나무들!

개구리 울음소리

마른 논밭에 비가 내리면

개구리 엄마는 도처에 흩어진
자식새끼들을 모두 다 불러들여
마냥 '개굴개굴 개굴개굴' 한다

하느님은 그 소리를 듣고 빙긋 웃으며
녀석들 기분이 대게 좋아서 노래한다고
달빛 사이로 살며시 고개를 내밀어 준다

사람들은 그 사실도 모르고 언제부터인가
개구리엄마와 개구리새끼들의 노랫소리를
'개구리 울음소리' 라고 말해 오는 것이었다

— 노랫소리를 울음소리로만 듣게 된 것은
사람들이 스스로 저지른 역사 때문이었다.

나의 詩

서랍 속에, 오랫동안
누워 있는 詩 두어 편
밖으로 데리고 나갔더니

고추밭에 가선
푸른 고추 붉은 고추로
가지마다 매달려 그네 타고

마늘밭에 가서는
좀 맵고 둥근 마늘로
뿌리를 내리는가 싶더니

어, 나의 詩란 녀석은
논고랑에 달려 들어가
볏모개로 익어 가을을 듣는다.

가을

벼들이 고개 숙인 논길을 걷다가 나 또한 논으로 고개를 숙였더니 어디선가 꽃잠자리 한 마리 날아와 내 머리를 벼이삭으로 알고 앉는다 그걸 놓치지 않고 바람도 살랑 불어와 꽃잠자리 날개 속에 파랗게 깃들어 잘 놀다 간다.

걸레와 밭

걸레는
아무리 빨아도
걸레다

밭은
아무리 갈아엎어도
밭이다 흙의, 밭이다

하늘도 휘고, 좋다!

눈이 내린다 처음처럼 눈이 내린다
이런 날은 아인슈타인 박사와 함께
발가락이 하얀 아가들과 놀고 싶다
태양을 향해 날아가던 빛도 휘듯이
아가들의 보송보송한 숨결 속으로
들어가 다시 고운 무늬로 태어날까
둥근 얼굴로 방긋방긋 꽃이 돼 볼까
눈이 내린다 처음처럼 눈이 내린다
아인슈타인 박사와 함께 놀다 보면
직선과 직선으로 부딪치던 그대들도
저 하늘처럼 둥그러이 휘어질 것이다
암흑 에너지, 그 큰 사랑으로 우주와
인간세계는 영원히 버텨 나갈 것이다.

*빛도 휘고 하늘도 휜다 : 아인슈타인 박사가 일반상대성이론에서 밝힌 말. 빛이 태양의 주위를 돌면서 '휘는' 것이 1919년 런던 관측소에서 확인되었다.

**암흑 에너지 : '우주상수' 개념을 도입한 아인슈타인은 우주가 붕괴하지 않도록 지탱하는 '암흑 에너지'가 존재한다고 주장했는데, 1998년 과학계는 연구결과가 나오면서 아인슈타인의 주장이 옳은 것으로 판정을 내렸다.

억새풀

내가
울고 싶은 곳에
억새풀은 흩날리고 있었습니다

내가
몸부림치고 싶은 곳에
억새풀은 흩날리고 있었습니다

내가
사랑하고 싶은 곳에
억새풀은 흩날리고 있었습니다

아아 이렇듯
그대를 기다리는 곳에
억새풀은 먼저 일어나

저녁 붉은 노을도
치마 가득 받아서
눈부시도록 물결치는 것이었습니다.

토끼와 함께하는 詩

1.

서울에서 대학을 다니는 아들놈이
겨울방학을 맞이해 고향에 내려오던 날
두 눈알이 빨갛고 동그란 토끼 한 마리 불쑥!
라면 상자 속에서 꺼내 놓으며 빙그시 웃는다
아내와 나는 깜짝 놀라며 무슨 토끼냐고 묻자
엄마, 이건 우리 동아리 방에서 키운 녀석인데
불쌍해서 데리고 온 것이니 놀라진 말아요 한다
겨울방학 기간에는 동아리 방에 학생들이 없어
굶어죽을지도 몰라 데리고 왔노라 토를 붙인다
할 수 없지 아내와 나는 변두리 밭둑을 오르내리며
풀잎을 찾는다 눈 속에서 냉이, 쑥, 씀바귀를 뜯는다
쫑긋 얼굴을 내밀면서 오는 봄을 기다리는 풀잎들-
아무리 작은 들풀이어도 모두 이름이 있으렷다
토끼를 키우며 우주만물을 기르는 재미에 빠진다

2.

– 여보, 오래 오래 데리고 삽시다!

– 안 돼! 토끼도 한 세상 천지간에 태어났으면
짝을 만나서 살다가 죽어 떠나는 게 아니겠소!

– 여보, 짐승은 그러나 사람과는 다를 수 있는 걸!

– 무슨 말씀? 하늘 아래서 콧구멍이 달린 것이라면
암컷 아니면 수컷이야. 허니 이놈을 시집 보내야지.

– 여보, 그럼 이 녀석을 어디로 시집을 보내는 거죠?

– 거 금파공업고등학교 있잖아. 거긴 토끼동산이 있고
수컷들도 몇 마리 있으니까 걱정 놓아도 돼, 하하하!

– 하긴 자기 동족들한테 이 녀석을 보내는 게 당연하죠.
(아내와 나는 여태까지 키운 정을 못 잊어 눈물방울을
살짝 보였지만 녀석이 태어나서 마침내 시집을 간다는
사실에 안도의 숨을 몰아쉰 다음 가만가만 속삭였다)

– 너의 짝들에게 시집 보내지 않으면 우린 죄인이 된다!

– 그러니 달려라 토끼야! 어서 이 아파트 숲일랑 벗어나
운암동 금파공업고등학교 토끼동산으로 달려가거라!

– 그리고 그곳에서 살다가, 사랑하다가, 때가 오며는

색즉시공 공즉시색*의 품속으로 그렇게 날아가거라!
— 오오 찬란한 생명의 씨앗, 둥근 눈동자의 토끼야!

*색즉시공 공즉시색色卽是空 空卽是色 : 불교경전 반야경에 나오는 말씀. 색色(Being : Sein : Seinde)과 공空(Nothing : Nichtssein : Nichtsseinde)이라! 불립문자不立文字나 다름없는 이 말씀은 유무有無가 둘이 아닌 하나이며 생사生死 또한 그러하며 시공時空은 둘이 아니어서 나눌 수 없고 안과 바깥은 같으며 영육靈肉은 하나이며 중생은 부처요 부처 또한 중생이고 사람은 꽃이요 꽃은 사람이며 삼각형 외접원은 360°이므로 삼각형과 원의 둘레는 같으며 우주와 나는 범아일여梵我一如 하나이며 시공간의 만물도 나와 똑같은 물아일여物我一如 즉 불이문不二門의 한통속이라 색즉시공 공즉시색의 진리는 영원히 거듭할 따름이다.

어미거미

눈발이 쏟아지려나
칼바람에 흔들리는
거미줄 한복판에 누워
새끼들에게 어서, 어서
자기 몸을 뜯어먹으라고
두 눈 감아 주는 어미거미

– 12월 초순
상수리나무 숲길 저쪽으로
별빛 몇 점 떨어지고 있었다.

매미cicada

허, 이 무슨 절묘한 인연인가! 깎아지른 산등성이에 자리 잡은 H아파트 17층. 나의 서재 안으로 참매미 한 마리가 날아들어 컴퓨터 모니터 옆모서리에 부딪쳐 떨어진다. 언어로 표현할 수 없는 어떤 예감이 그 옛날 조선의 한지韓紙에 떨어져 먹 글씨로 번져 나가듯이, 잃어버린 고향 먼 산모롱이를 돌아가다가 갑자기 마주쳤을 것 같은 정령의 손끝이 달빛에 반짝이기라도 한 듯이, 바르르 떨고 있는 두 날개 속의 무늬가 너무 신묘神妙하다.

울지를 못하기 때문에 벙어리매미라고도 부른다는 암매미 한 마리. 살며시 붙잡으려 하자 이내 자신의 여섯 개의 발과 두 개의 더듬이로 오늘은 '사람' 얼굴로 숨을 쉬면서 내 손가락 사이를 헤집고 나오며 날개를 푸드득거린다. 곤충이라면 모든 곤충들이 그렇듯이 눈썹이 없어 감정의 흐름이 좀처럼 엿보이지 않는 매미의 눈망울. 불룩 튀어나온 겹눈과 머리 가운데 어쩌면 작은 씨앗처럼 매달려 있는 세 개의 홑눈은 도대체 무엇을 보고 있는 것일까.

길쭉한 입 주둥이. 허, 그럼 수컷만이 몸통을 싸고 있는 기부肌膚 좌우 안쪽에 맴맴 소리나는 V자 발음기를 가졌는가. 귀가 없어 총탄을 퍼붓거나 대포를 쏘아도 나무들이 들썩거리도록 울음방 공명실을 흔들어 대는가. 배腹 끄트머리 부분에 산란관을 두었다는 암매미—이 작은 생명체의 갑작스런 방문과 두 날개의 떨림을 감당하지 못한 나는 결국 그를 데리고 베란다로 나간다.

목 놓아 불러 대는 수매미의 노랫소리 혹은 울음소리와 유혹의 경계망을 벗어나 어쩌자고 나의 서재 안으로 날아든 암매미. 이슬을 받아먹고 사는지 나무진을 빨아먹고 사는지는 모르지만 역시 작은 침묵의 덩어리다. 6, 7년 동안이나 캄캄한 땅속에서 애벌레 굼벵이로 쭈그리고 지내다가 여름 단 한철을 지상의 나뭇가지에서 살다가는 매미. 살려내지 못하면 천벌天罰을 받을지도 모른다는 생각이 들어 베란다로 나가자마자 그를 제일 푸릇푸릇한 나무 위에 올려 놓아준다.

수돗물에서 받은 것이지만 하얀 물방울 몇 개를 그의 머리 위에 뿌려 준다. 애벌레유충幼蟲↔번데기↔성충成蟲↔매미! 여름이 가기 전에 어서 빨리 짝을 만나야 하는 수컷. 가을이 오기 전에 자신의 배 속에 넣어둔 알들을 낳자마자 가지에서 떨어져 죽어야 하는 암컷! 죽음과 부활을 거듭하는 이 암매미가 행여 들을 것 같다는 생각이 들어 나 또한 수매미처럼 (맴, 맴, 맴!) 울음소리 혹은 노랫소리를 터뜨린다.

변두리 숲으로 데리고 가서 바람 솔솔 부는 나무 등거리에 매미의 몸을 다이아몬드 보석 빛으로 놓아준다. 그가 태어났던 3억 5천만 년 전 고생대 데본기紀로 되돌려 보내 주는 의식儀式을 무사히 치른 후 "잘 가라, 잘 가거라!" 안녕인사를 해 준다.

제3부

물웅덩이

마음속에 하나 갖고 싶어라 물 가장자리에
이름을 몰라도 고은 풀꽃이 자라는 웅덩이
첨벙! 두꺼비 녀석이 고요를 갈라 헤엄치는
소금장수가 물무늬를 놓아 건너가기도 하는
하늘이 하얀 구름으로 얼굴 비비다가 그만
떠날 줄을 모르고 잠들어 버리는 물웅덩이!

시인과 농사

땅이라곤 한 뼘도 흙 한 줌도 없어
시인은 남의 밭에다 심심풀이로 몰래
완두콩 두어 개를 예쁘게 심었습니다

하늘을 날아다니는 새들이나 보았을까

밭주인은 그런 줄도 모르고 완두콩 떡잎이
동글동글 얼굴을 내밀자 무릎을 탁 쳤습니다

"옳거니, 내가 잊지 않고 씨를 뿌렸더니
제법 싹이 트는 구나! 하하 귀여운 것들!"

밭주인은 기분이 좋아 마냥 미소를 지었습니다
그때 밭둑에서 풀을 뜯고 있던 염소란 녀석들도
음매에-뭔지 모르지만 그렇게 노래를 불렀습니다.

대흥사 입구에서, 듣다!

그래, 내 고향 해남 가는 길에서였을 것이다
돌미륵이 두 귀를 길게 늘어뜨리고 서 있는
해남 대흥사 붉은 동백숲 극락교쯤일 것이다
초등학생 두 녀석이 뭔가를 놓고 다투었는데
여기에 녀석들의 말을 그대로 옮기면 이렇다
한 놈이 왈, "벽도 구멍을 뚫으면 문이 된다"
또 한 놈 왈, "걸어 잠그면 문도 벽이지 뭐야"
다람쥐가 그 소리를 듣더니 키득키득 웃었다
부처님 손바닥에선 벽이나 문은 똑같다는 것!

옛사랑을 위하여

나 이제 꿈꾸면서 노래 부르면서 가리
논길 밭길 달리는 아이들 두 눈동자에
그리운 종달새 하늘 찰랑찰랑 넣어 주고
슬픔에 마른 가슴들은 다순 흙 묻혀 주리
나 그리하여 시인들의 옛 고향으로 가리
그들 가난한 아내, 어머니의 손 마주 잡고
논밭 일구어 더러는 같이 보릿대춤 추리
여문 곡식알 흔들어 하느님 말씀도 전하고
밤에는 집집 돌아가며 꽃 등불 달아 주리
나 이제 꿈꾸면서 노래를 부르면서 가리
산 너머 고개 너머 할미꽃 지고 또 피는
어미소 젖 부푼 자리에 토성土城을 쌓고
돌아가신 할머니 할아버지도 다시 찾아오는
아 나 이제 고운 얼굴로 고향 땅에 살으리.
옥양목 같은 하늘이 바다 아래로 가라앉고
바다가 그 먼먼 하늘 위에 올라 펄럭이는
수평선 저편 푸른 파도 어머니의 나라여!
코흘리개 어릴 적 밑 터진 바지 안쪽에다

새알 불알 딸랑딸랑 달고 다니던 소년처럼
님이여, 나 이제 참 둥근 꿈으로 살아가리.

달

도시 안으로 들어온
둥근 달이
나를 데리고
도시 밖으로 나가면서
멀리 고향으로 가는
길 하나 비춰 준다
황토, 그곳에는 하얀옷의
할아버지가 혼자 걷고 있었다.

참 좋은 노래

– 조규열 님께

광주 우리 동네 양산동에는
언덕바지 가파른 내리막길
세상에서 가장 낮은 길목에는
고운 바람 흐르는 구름 사이엔 듯
별 하나 초롱초롱 반짝이고 있어요
밤이나 낮이나 떠날 줄 모르고 앉아서
지나는 뭇 행인들의 신발을 닦아 주고
꿰매어 주는 별 하나 살고 있어요
하늘 높은 곳에 자리한 별보다는
지상에서 가장 낮은 곳에 사는 별이
어쩌면 더 환하게 반짝인다는 것을
양산동 우리 동네에서 알게 됐어요
꽃의 향기, 새들의 노래로부터 멀어져
오늘도 도시의 어둠 속을 걷는 나는,

우리나라 어머니

우리나라 어머니는
당신 입맛 따로 없네!

시고, 짜고, 맵고, 달고,
쓴맛 가리지 않으시네

자식새끼 키우다 보면
신것 좋아한 놈이 있고
짠것 좋아한 놈이 있어
매운것 좋아한 놈 있어
단것 좋아한 놈이 있고
쓴것 좋아한 놈이 있어

우리나라 어머니는
당신 입맛 따로 없네!
진밥 무른 밥도
자식들 입맛에 맞추네

자식새끼 다섯이면
다섯 입맛 맞춰 주고
자식새끼 열 놈이면
열 놈 입맛 맞춰 사시네.

아침기도

내 몸은 씨앗, 먼 광야 그대 몸에 던져 묻히는 씨앗 하나!

지상에서의 사랑

창밖에서는 세상모르게 함박눈이 소복소복 내려 쌓이던 밤이었을 것이다. 포항에서 돌아오신 경훈 큰스님께서 뭔가 가득 담긴 봉지를 내게 가만히 내밀었다. 당신 방으로 건너가신 다음에 열어 보니 잘 구워진 노가리 열 마리가 들어 있었다. 멸치 한 마리도 드시지 않으시는 당신께서 깊은 겨울밤 어디에서 사왔는지 아무 말 없이 노가리를 주신 것이었다 "준태 시인, 이거라도 먹으면서 좋은 시 많이 써서 노래하세요!" 무안 약사사, 폭설로 천지간의 길이란 길은 다 막힌 그해 겨울밤이었다.

하얀옷

1.

새하얀

넋의 무늬

살에 젖네

바람에

꽃향기에

스며들어

피리 소리

새하얗게

속살에도 젖네

2.

보름달마저 쑥굴헝에 처박혀 버린 주룩주룩 비가 내리는 어둑밤이었다

아직도 개울의 저쪽에서는 키가 큰 미루나무들이 성

큼성큼 걸어다니고

논개구리 떼 울음소리를 가르며 누군가 철벅철벅 다가오는 것이 보였다

두개골에 총구멍이 뚫린 하얀옷, 영원히 찢을 수 없는 하얀옷의 그림자

칼을 들어 덤벼든 역사도 아가처럼 어루만져 주려고 다가서는 것이었다

살아생전 자기 무릎에 앉혀 보지 못한 아들딸 다독거려 주고 싶었음인지

10월의 사랑

누가
숨었을까
솔바람 속에

누가
넋을 풀었을까
대바람 속에

누가
눈썹을 비비었을까
풀섶 잠자리 날개에

누가
남겨 두었을까
무덤가 보라색 제비꽃!

단추 구멍만한
햇살 틈새서도

파르르 얼굴 내미는
10월의 마지막 사랑.

할머니의 섬

할머니의 섬에는 도깨비들이 서로서로 모여 살고 있었다
한반도 땅끝 해남과 진도 사이에는 금호도라는 섬 하나가
구름 위엔 듯 파도 위엔 듯 연꽃처럼 두둥실 떠 있는데
생긴 얼굴하며 걸음걸이가 영락없이 사람 모습과 똑같은
도깨비들이 섬에서 가장 가파른 벼랑 끝에 살고 있었다

호랑이도 담배 피웠다는 먼 옛날부터 유배지가 된 금호도
왜 도깨비들은, 그렇게 벼랑 끝에 매달려서 살았느냐고요?
시퍼런 파도덩어리가 떼 지어 들락날락하는 천 길 낭떠러지
바닷새들과 칡넝쿨만이 오르내릴 수 있다는 캄캄한 절벽!

—고향 할머니가 들려준 얘기를 가만가만 따라가다 보면
도깨비들은 섬사람들이 행여나 발을 헛디뎌 떨어질까 봐
섬에서 가장 가파른 벼랑 끝에 매달려 지켜보곤 했답니다

—또 할머니가 내게 들려주신 이야기를 하나 더 얹힌다면
금호도 섬도깨비들의 이름을 부르기가 힘든 것이 아닙니다
하늘에서 떨어진 하늘도깨비, 바다에서 솟구친 바다도깨비!
벼랑 아래로 사람이 추락하면 물오이나 하늘딸기를 가져와
어서 잡수세요, 많이 드세요, 노래 불러 주는 도깨비들이지요
정말 할머니의 섬은 사람과 도깨비가 사이좋게 살았습니다.

큰스님

큰스님께서
잠시 절을 비우자
절 속이 텅 빈다

절을 가득 채우던
山 하나도 어디로
빠져 나가 버린다

큰스님께서
다시 절로 돌아오자
절 속 또한 꽉 찬다

아 큰스님은
달을 품은 山인가
허공의 몸살을 달래는
그 바람 소리인가

고향, 그 멀고 아득한 곳

내가 태어나 할머니와
아장아장 걷기 시작한 곳
대지의 아들딸, 흙의 자손이던
아버지 어머니께서 고이 잠드신 곳
낮이면 해가 떠올라 곡식들 키우고
밤이면 달이 비추어 그리움 더한 곳
아 사랑! 사랑하지 않고는 금방이라도
터져 버릴 것 같은 큰 울음보따리 하나.

저녁기도

하느님!

저희 부부가
잠시나마 가난함을 잊고
저녁상 앞에 마주 앉게 해 주시어
감사의 기도를 올립니다

이렇듯 부끄러운 손에 숟가락을 쥐어 주시고
세상을 사랑할 수 있는 한 그릇의 힘을 주시어
저희 부부는 참으로 어찌할 바를 모르겠습니다

항상 잊으심이 없이
가난한 저희들 몸속에 들어와
피와 살을 넣어 주시는 하느님!

저희 부부는
당신과 함께하기 위해
내일 또한 밭으로 나가 씨앗을 뿌리고

뿌린 만큼 곡식을 거두어 당신께 제사를 올리겠습니다
당신이 펼친 별들의 하늘을 더욱 우러러 볼 것입니다.

숫처녀귀신 혼魂 밟아 주기

내 어린 시절 땅끝 바닷가 마을에서는 그랬어요
말馬 같은 동네처녀 시집도 못 가고 숨을 거두면
마을 앞 신작로 한복판에 봉분도 없이 묻어 준 뒤
맨발로 짚신발로 꾹꾹꾹, 납작납작 밟아 주었지요
사람이라고 생긴 사람들은 모두 그렇게 밟았지요
아암, 그래야만 숫처녀귀신이 일어서지 않는다면서
너도나도 달려들어 무덤 납작하게 만들어 주었지요
시집을 못 가고 죽은 서러움 너무도 크게 북받쳐서
혹시나 동네 사람들한테 해꼬지할지 몰라 그랬어요
보라색 제비꽃도 곱게 피는 남녘 바닷가 마을에서요.

*신작로 : 길, 주로 흙으로 다져 놓은 시골길.

**봉분 : 전통적으로 둥근 무덤(묘)의 형상, 하늘의 둥근 궁륭穹窿을 모방해 만들었으리라.

제4부

아장아장

멀리서 오는 봄이
방긋방긋 고개 내밀고

동진강 휘돌아 기러기 솟대마을
밑 터진 바지를 입은 한 아이가
민들레 제비꽃 길을 걷고 있다

나도 가던 길을 멈추고
파릇파릇 아이 발자취를 좇는다
아이가 아장아장 걷고 있는 길을

익산 미륵보살님도 그게 보기에 참 좋았는지
천년 틀고 앉았던 가부좌를 풀고 벌떡 일어나

아장아장 앞장서 주신다.

달 둥그러이

흰 나비 한 마리
지뢰밭 녹슨 가시줄에 걸려
파닥거리다가 숨 넘어 가네

그걸 새끼 노루 한 마리가
한참을 가까이 바라보더니
먼 산정에서 총소리 울리자
꽃 피고 새 우는 산 너머로
쏜살같이 사라지고 마네

바람일랑 향기롭게 밀려오는가
병사인 젊은 詩人 총을 내리네
풀잎을 길게 뽑아 피리를 부네
휴전선 800리 둥근달 뜰 때까지,

봄여름가을겨울

1. 사랑

아무도
깨뜨릴 수
없는 하늘,
저 둥근 거울!

2. 그림

세상에서
가장 그리기 힘든
그림은, 아가의 얼굴!

3. 꽃

봄, 꽃이
그대 마음 빼앗아
저리도 붉다!

4. 꽃

그대 없이
혼자 꽃 보려니
참으로 미안하고
두렵고, 슬프다.

5. 노래

詩가
간다

나비처럼

詩가
온다

어머니처럼

6. 詩

펜으로
써야 할까
눈물로 써야 할까

7. 산

가을, 나뭇잎 하나가
산을 송두리째 데리고
어디로 떠나고 있었다.

8. 산

산속에 들어오니
모든 것들이 혼자다
나무, 꽃, 돌부처도

다만 산속에
혼자 들어온 나만이
혼자가 아니어서 쩔쩔맨다.

9. 햇볕

내가
그대를
사랑하면서부터

햇볕은
암탉이 막 낳은 달걀처럼
혹은
바람에 젖은 입술 비비는
강낭콩 이파리처럼 그렇게

10. 별

하늘에서보다
사람들 사이에서
더 반짝이기 위해
잠 못 이룬다, 별은!

11. 별

그대 슬픔
그대 외로움
너무 맑아설까

하늘의 별들도
잠시 빌려가서

저러이
반짝이는
그대의 슬픔

그대의 외로움

12. 눈

내린다

하얗게

아 소리 없이……

우리가 숨겨 놓은 하늘에서

13. 물방울 하나

밟으면

땅에 스며들어

뿌리를 적신다

둥근 물방울 하나!

밟으면

지진이 일어난 듯
내 온몸을 흔든다.

묘지에 대한 단상

왕王은 죽으면
무덤을 남기지만
백성은 죽으면
바람으로 남는다
산 넘고 바다를 건너는,

십자가

예수께서
짊어지고 간 십자가는
예수와 함께 쓰러져

썩어, 광야의 흙이 되었다

예수께서
숨을 내쉴 때마다
푸른 밀밭이 넘실거리고
하늘에는 별들이 돋는다

오, 예수의 피와 살로
출렁이는 둥근 빵의 열매!

*지거 쾨르더Sieger Körder 유화 작품. 「십자가의 길Kreuzweg」을 보고 노래함.

도시의 꿈

도시가 두 발로 밭고랑으로 간다
콩밭으로 가서 콩밭처럼 뒹굴더니
수수밭에 가서는 수숫대 잎사귀로
몸을 비비다가 하늘로 날아오른다
하늘에 올라 둥근달 속으로 숨는다
아 도시가 두 발로 밭에 가 버린 날
사타구니에 불알을 찬 아기 하나가
그를 낳은 어머니의 젖꼭지도 없이
허공에 입술 대고 무언가 빨아 댄다.

악어는 입술이 없습니다

하느님, 저는
알 것 같습니다

당신께선
악어에게는 입술을 주지 않고
(집어삼키는 일만 하면 되므로)

우리 사람들에게는
왜 입술까지 주셨는지를
저는 비로소 알 것 같습니다

우리들의 하느님, 장미꽃보다 더 붉은 입술
서로의 키스를 위해서 만들어 주신 거지요?!

그대

그대가 없다면
날으는 새들도 보이지 않으리
세상 천지, 그대가 없다면
창밖의 꽃들도 피는지 시드는지 알지 못하리
아아, 그대가 없다면
동산의 둥근달도 가을날의 단풍나무 숲도
아무런 의미를 안겨 주지 못하리

가을비

가을비 내린다

아무리
외롭고 슬퍼도

사랑은 한꺼번에
쏟아 부어서는
아니 된다고

사랑은 나중에도
몇 차례 속삭일 것은
조금은 남겨 둬야 한다고

가을비 내린다

두루미 날아간
먼 산 풀꽃 적시며

미루나무는 걸었습니다

미루나무는 혼자 걸었습니다
아무도 없는 밤길을 혼자 걸었습니다
길은 도대체 어디로 향하고 있는지 몰랐지만
미루나무는 자신의 몸에 달라붙은 잎새들을 흔들며
개울을 건너 고개를 넘어 혼자 걸어가고 있었습니다
사람들이 떠나 버린 마을 쪽에서 불빛 같은 것이라도
그 무슨 혼불 같은 것이라도 이따금씩 새어나올 듯했으나
어디에서도 살아 있는 것들의 몸짓이 안 느껴졌습니다
쓸쓸하고 힘들고 아득한 밤이었습니다
얼마를 걸었을까
그냥 아무런 생각이 없이 뒤를 돌아보던
미루나무는 정말 너무나 깜짝 놀라고 말았습니다
헤아리지도 못할 만큼의 수많은 미루나무들이
자기 뒤를 소리 없이 따라오고 있는 것이었습니다
(아 혼자만 걷는 게 아니라 모두 함께 걸어가고 있구나)
그런 기쁜 생각에 미루나무는 더욱 잎새를 나부꼈습

니다

강을 건너면 강 건너 바람 소리 붕붕 불어 대는 대나무 숲에

산을 넘으면 산 너머 별똥도 총총 떨어지는 하늘 저편 마을에

희망이라고 곱게 이름 붙여 주어도 좋을 내일의 어린 아가들이

하얀 발가락을 내밀며 두 눈망울 반짝거려 주는 밤이 었습니다.

부부

바위섬
나리꽃 풀섶에

하얀 알을
낳아 놓고

먼 수평선
휘둘러 바라보는

갈매기 두 마리.

알자지라Aljazeera를 보며

총탄에 쓰러진 아들의 주검을 알라신神처럼 부둥켜 안고
울부짖는 어머니들과 티그리스강 언덕에 모래의 무덤을
세워 올리는 저 메소포타미아 아버지들, 그날 나는 인간과
시인의 이름으로 직립보행을 한다는 사실에 진저리쳤다!

*알자지라Aljazeera : 아랍 위성텔레비전

삽

농부의 손에 가면
농구農具로 쓰이지만
무덤지기의 손에 가면
무덤만을 파며 닳아진다.

밤

밤은 아름답다

자신을 한없이 어둡게 하여
저렇듯 별들을 빛나게 하고

밤은 아름답다

자신을 흑장미 빛깔보다 짙게 하여
홀로 우는 사람의 얼굴을 가려 주고

밤은 아름답다

자신을 세상 끝까지 어둡게 하여
마지막엔 새벽으로 가는 길 열어 준다.

말씀의 詩

더러는 비워 둔다는 게 얼마나
가슴 저리는 서늘한 아름다움인가

가을나무와 겨울나무 사이
잎새 매달린 가지와 떨어진 가지 사이
시간과 공간이 하얀 손수건처럼 놓이자
하늘 한쪽도 살포시 내려와 앉는다

그걸 가까스로 알아차렸음인지
새들도 몇 마리 날아와 둥지를 튼다
어디선가 마른 풀잎과 잔가지를 물어와
때로는 실바람에도 부스럭 부스럭거리는
그네들의 집을 짓기에 바쁜 모습들이다

아 그렇게 물방울보다 더 작은
가슴으로 반짝반짝 일하다가 새들은
마침내는 그 집일랑 송두리째 비우고

그네들 다음에 날아오는 새들을 위하여
나무와 나무 가지와 가지 사이에 틈을 열어
백지 한 장 크기의 뜨거운 고요함을 남겨 둔다.

동행

같이 가려므나

마음이
먼저 가면
몸이 부서지고

몸이
먼저 가면
마음이 찌그러진다

추위도
아들딸인 듯
입술로 비벼 주고

그래, 몸과
마음을 합하여
같이 가노라면

강 건너
밭이랑에
저렇듯 봄이 오고

묵상기도

하느님!
감사합니다

날마다 저에게
푸른 하늘을 보게 해 주시고

날마다 저에게
온갖 꽃들의 향기를 느끼게 하고

날마다 저에게
새들의 노랫소리를 듣게 해 주시고

하느님!
정말 감사합니다

날마다 밭에 가는 저로 하여금
(그 밭들이 제 소유가 아님에도)
온갖 열매들을 어루만지고 싶은

그런 기쁨일랑도 주시고

오 하느님! 우리들의 하느님!

제가 개미 한 마리라도 밟지 않게끔
이렇게 두 눈을 주시었으니 감사합니다.

| 해설 |

도시 바깥에서 도시를 품으려는 어느 시인의 너른 마음

강신주 철학자

칼과
흙이 싸우면
어느 쪽이 이길까

흙을
찌른 칼은
어느새
흙에 붙들려
녹슬어 버렸다.

–「칼과 흙(밭시52)」, 『칼과 흙』

1. 도시 너머에서 발견한 희망

1980년 5월 광주를 기억하시나요. 민주주의를 갈망하든 아니면 부정하든 간에 현재 우리에게는 지울 수 없는 정치적 트라우마로 남아 있는 광주항쟁을 말입니다. 박정희 독재정권이 내부에서 파산되었던 1980년 봄, 우리에게도 이제야 민주주의가 가능할 것이라는 희망이 봄꽃처럼 자라나고 있었습니다. 그러나 군부독재의 망령은 봄이 오는 것을 결코 원하지 않았나 봅니다. 전두환이 이끌던 신군부 세력이 박정희를 코미디처럼 패러디하면서 다시 차가운 겨울의 시대를 몰고 왔기 때문이지요. 이 와중에 모든 곳이 차가운 겨울 땅으로 다시 되돌아갈 때, 끝까지 봄을 지키려는 힘든 저항이 계속된 곳이 바로 광주입니다. 우리가 결코 간과해서 안 되는 점은 힘겨운 항쟁의 과정에서 민주주의의 핵심 이념이라고 할 수 있는 직접 민주주의의 가능성이 자라났다는 점일 겁니다. 하지만 공수부대가 투입되면서 광주가 꿈꾸었던 모든 정치적 희망은 참혹한 핏빛으로 변하게 되고 맙니다.

이처럼 '사건으로서의 광주'는 역사 속에 사라졌지만, '구조로서의 광주'는 아직도 우리 곁에 살아 있습니다. 진정한 민주주의를 꿈꾸는 모든 사람들에게 광주는 실현되어야 할 하나의 이념이 되었고, 민주주의를 조롱하고 기만하는 사람들에게 광주는 다시는 반복되어서는 안 될 공포로 각인되었기 때문입니다. 2000년도 이후 광화문을 중심으로 열렸던 다양한 촛불 집회도 사실 '구조로서의 광주'가 다시 실현된 사건이라고 볼 수 있을 겁니다. 촛불 집회에 대한 기득권 세력의 과도한 공포심도 바로 여기에 기인한 것이라고 볼 수 있지요. 유모차를 끌고 나온 젊은 어머니, 아들과 딸의 손을 잡고 나온 젊은 아빠, 교복 차림의 수줍은 여중생들, 힙합 복장의 청소년들. 이들 곁에 겹겹이 둘러쳐진 경찰과 경찰버스들의 바리케이드는 광주가 다시 반복될 것을 극히 두려워하는 기득권 세력의 공포감이 희극적으로 표현된 것이라고 볼 수 있지요. '사건으로서의 광주'는 사라질 것이지만 '구조로서의 광주'는 항상 다시 살아 있을 것이라고 노래했던 한 시인이 생각이 나는군요. 그 사람이 바로 '광주의 시인' 김준태(金準泰, 1948년 출생)입니다.

5월 광주의 중심부에 서서 시인은 "아아, 광주여 무등산이여/죽음과 죽음 사이에/피눈물을 흘리는/우리들의 영원한 청춘의 도시여!"라고 시작되는 시, 「아아 광주여 우리나라의 십자가여!」를 쓰게 됩니다. 억압과 야만이 극에 달했던 시점에서 시인의 마음은 아이처럼 순수했던 겁니다. 그리고 예언처럼 다음의 사실을 노래했던 것이지요. 진정한 민주주의가 실현되는 순간까지, 광주는 영원히 젊게 살아 있는 구조로서, 혹은 트라우마로서 우리에게 살아 있을 것이라는 점을 말입니다. 그렇다면 시인이 생각하고 있던 진정한 민주주의, 혹은 진정한 삶의 양식이란 과연 어떤 것이었을까요? 어떤 삶의 양식이 도래해야 광주라는 트라우마가 치유될 수 있다고 보았을까요? 이것이 바로 김준태 시인의 평생 화두였던 것 같습니다. 1999년 발간된 『지평선에 서서』라는 시집은 제목이 암시하듯이, 시인이 광주항쟁 이후 20여 년 간 '지평선' 처럼 미래에 대한 희망을 줄 수 있는 새로운 세계를 모색해 왔다는 것을 상징적으로 보여줍니다.

2003년 『신동아』에 쓰인 시, 「길: 밭에 가서 다시 일어서기1」를 넘겨보면 시인이 새로운 지평을 찾으려는 자신의 위와 같은 탐색을 '길을 찾는 사람' 으로 비유한 것을 엿볼 수 있습니다. 내가 타자에게로 이르는 길, 혹은 우리가 서로 만날 수 있는 길을 오랜 시간 동안 탐색해 왔던 것이지요. 우리가 그 길을 찾을 수만 있다면, 구조로서의 광주는 그리고 광주에 피를 뿌린 우리 이웃들은 오랜 방황 끝에 마침내 안식에 들 수 있을 지도 모릅니다. 이 때문에 새로운 길을 모색하는 시인의 속마음은 절실하기만 합니다.

> 어디로
> 가야 길이 보일까
> 우리가 가야 하는
>
> 길이 어디에서 출렁이고 있을까
>
> 더러는 사람 속에서 길을 잃고
> 더러는 사람 속에서 길을 찾다가
>
> 사람들이 저마다 달고 다니는 몸이
> 이윽고 길임을 알고 깜짝깜짝 놀라게 되는 기쁨이여
>
> 오 그렇구나 그렇구나
> 도시 변두리 밭고랑 그 끝에서
> 눈물 맺혀 반짝이는 눈동자여
>
> 흙과 서로의 몸속에 씨앗을 뿌리는 사람이 바로 길

이었다.

–「길: 밭시詩1」, 『신동아』 2003년 6월호

"어디로 가야 길이 보일까? 우리가 가야 하는 길이 어디에서 출렁이고 있을까?" 그러나 어느 날 마침내 김준태 시인은 길을 찾는 데 성공한 듯 보입니다. "도시의 변두리 밭고랑 그 끝에서 (…) 흙과 서로의 몸속에서 씨앗을 뿌리는 사람이 바로 길"이라는 것을 발견했기 때문이지요. 그런데 심각한 것은 지금 시인이 도시 변두리, 즉 도시의 바깥에서 길을 발견하고 있다는 점입니다. 도시의 변두리, 혹은 도시의 바깥이란 과연 무엇일까요? 그것은 지금까지 존재하던 문명과 문화를 넘어서는 공간이라고 할 수 있습니다. 시인이 찾은 길을 우리가 음미하기 어려운 이유도 바로 여기에 있습니다. 우리 대부분은 도시 바깥이 아니라, 오로지 도시 안에 거주하는 데만 너무 익숙해져 있기 때문입니다.

2. 참깨를 털면서 배운 도시 밖으로부터의 지혜

김준태 시인이 도시 바깥으로 나아가려는 건, 도시보

다 더 큰 지평에서 인간의 삶을 고민하려는 시도였다고 할 수 있습니다. 자본과 권력이 인간의 삶을 왜곡하는 도시라는 환경이 아니었다면, 광주라는 사건도 불가능했을 테니까 말입니다. 갈등과 대립이 도시적 삶을 상징한다면, 도시 바깥, 즉 자연에서 혹은 자연 앞에서의 인간의 삶은 겸허함과 겸손함을 특징으로 하지 않을까요. 자연의 혜택을 받으려면 누구나 자연의 명령에 따라 예외 없이 땀 흘리는 노동을 수행해야 하니까요. 흥미롭게도 시인은 광주항쟁 이전에 이미 그런 지평에 관심을 피력했던 적이 있었습니다. 그러니까 밭에서, 그리고 몸에서 새로운 삶의 가능성을 찾으려는 시인의 노력은 새로운 것이 아니라, 이전 성찰을 새롭게 발굴한 결과였다고 할 수 있다는 겁니다.

> 산그늘이 내린 밭귀퉁이에서 할머니와 참깨를 턴다.
> 보아하니 할머니는 슬슬 막대기질을 하지만
> 어두워지기 전에 집으로 돌아가고 싶은 젊은 나는
> 한번을 내리치는 데도 힘을 더한다.
> 세상사에는 흔히 맛보기가 어려운 쾌감이
> 참깨를 털어대는 일엔 희한하게 있는 것 같다.
> 한번을 내리쳐도 셀 수 없이

쇄아쇄아 쏟아지는 무수한 흰 알맹이들
도시에서 십 년을 가차이 살아본 나로선
기가 막히게 신나는 일인지라
휘파람을 불어가며 몇 다발이고 연이어 털어댄다.
사람도 아무 곳에나 한 번만 기분좋게 내리치면
참깨처럼 쇄아쇄아 쏟아지는 것들이
얼마든지 있을 거라고 생각하며 정신없이 털다가
"아가, 모가지까지 털어져선 안되느니라."
할머니의 가엾어하는 꾸중을 듣기도 했다.

– 「참깨를 털면서」, 『시인』 1969년 11월호

아마도 시인은 10년 간 지속된 도시 생활에 지쳐 있어나 봅니다. 할머니로 상징되는 고향, 즉 자연과 맞닿아 있는 곳에서의 생활은 지친 시인의 몸과 마음을 활기차게 만들게 됩니다. 그렇지만 무슨 이유로 도시 바깥에서의 삶이 자신에게 다시 활력을 불어넣게 되었는지 시인은 깨닫지 못하고 있습니다. 그러다가 참깨를 떨면서 시인은 할머니로부터 그 이유를 자각하게 됩니다. 참깨 다발은 한 번 털 때마다 자신이 감추고 있던 흰 알맹이들을 아무런 숨김없이 쏟아냅니다. 바로 이 순간 시인은 도시에서 가식적인 삶을 회고하게 됩니다.

"사람도 아무 곳에나 한 번만 기분좋게 내리치면, 참깨처럼 쏴아쏴아 쏟아지는 것들이 얼마든지 있"다는 시인의 생각에는 도시 사람들의 가시적인 삶에 대한 불만감이 전제되어 있다고 할 수 있지요. 그렇습니다. 도시 사람들은 자신의 속내를 참깨처럼 솔직하게 드러내지 않는 법이니까요.

바로 이 순간, 할머니의 이야기는 시인에게는 하나의 죽비가 됩니다. "아가, 모가지까지 털어져선 안 되느니라." 그렇습니다. 참깨 다발을 너무 강하게 털면, 참깨의 흰 알만이 떨어지는 것이 아니라 마른 참깨 입들도 떨어지기 마련입니다. 중도, 혹은 중용이 필요했던 겁니다. 속내를 드러내지 않는 사람들이 있다고 해도, 그들을 너무 다그쳐서는 안 된다는 겁니다. 어떤 식이든지 간에 속내를 털어놓으라는 요구는 타인에게 일종의 폭력일 수 있으니까요. 타인에게 폭력을 행사하지 않고 속내를 털어놓게 하는 지혜는 모가지를 털지 않고 참깨를 터는 지혜와 같은 것 아닐까요. 아주 부드럽게 타인의 결을 존중하면서 그와 관계를 맺는다면, 아무리 가식적인 도시 사람이라고 할지라도 자신의 속내를 털어놓을 수 있을 겁니다. 참깨를 털면서 배웠던 진정한 삶의 지혜가 광주항쟁의 경험을 통해 더 소중해졌다는 사실. 이것만큼 김준태 시인의 시세계를 보여주는 특징은 없을 겁니다.

3. 도시 밖의 생명과 사유의 논리

지금까지 우리가 몸담고 있는 한반도의 도시는 100여 년 전까지는 중국 사유가, 그리고 100년 전부터는 서양 사유가 전적으로 지배하고 있는 공간입니다. 이 때문에 사실 도시의 변두리, 혹은 문명의 밖에서 시인이 찾았던 길이란 중국 사유 혹은 서양 사유가 영향을 미치지 못하는 여백과도 같은 가장자리 사유가 될 수밖에 없었습니다. 하지만 우리 대부분은 여전히 도시에 살고 있습니다. 이것은 결국 우리가 중국 혹은 서양으로 양분되는 주류 사유 경향 가운데 어느 하나에 길들여져 살아가고 있다는 점을 말해 주기도 합니다. 이 때문에 시인이 20여 년 동안 모색했던 길을 우리가 그 깊이에서부터 분명하게 이해하기는 어려운 일입니다. 그러나 우리에게는 도시 바깥에서 이루어지는 생명과 사유의 논리를 숙고했던 철학자, 한국어로 사유했던 한 명의 철학자가 곁에 있다는 사실을 떠올릴 필요가 있습니다. 서양철학과 동양철학이란 양대 주류 논리를 넘어서는 포괄적인 사유 전통을 찾으려고 했던 박동환(朴東煥, 1936년 출생)이 바로 그 사람입니다.

> 도시문명의 그물 밖에서 생명이 그 자신의 타고난 기능으로 자연에 관계하는 데서는 도시 공체公體의 삶 가운데서 일어나는 유類들의 집체부쟁集體不爭이니 정체쟁의正體爭議니 하는 환원의 표, 그리고 거기서 세련된 동일보존, 모순배제, 대대待對, 무대無待와 같은 논리는 준거의 표가 될 수가 없다. 도시의 그물 밖의 생명이, 환경 또는 자연이라고 부르지만 실은 그 끝을 알 수 없는 미지의 세계 [ ]에 몸으로 부딪혀 얽히는 '관계', 그것이 삶이 준거하는 절대적 표가 된다. 누구든지 그 생명의 출현으로부터 종료에 이르기까지 거부할 수 없는 미지 [ ]에 얽히며 경험하는 굴절, 분절, 연합, 변신 또는 변이, 특화, 입몰이라는 관계는 생명 개체들이 수행하는 [ ]를 향한 절대 환원으로서의 감각과 판단, 사유와 행위에 반영되는 것이다. 생명은 언제나 불확실한 [ ]를 향하여 모색하며 결단한다.
>
> – 『안티 호모에렉투스』

우리의 삶에 강한 영향을 주었던 주류 도시 문명은 크게 두 종류로 양분됩니다. 한때 우리의 삶과 사유를 지배했던 중국철학의 전통이 그 하나라면, 19세기 말부터 중국철학 전통을 몰아내고 한반도의 패권을 차지하게 된 서양철학의 전통이 다른 하나일 겁니다. 박동환은 중국철학이 제안하는 도시의 논리를 '집체부쟁集體不爭', 즉 '공동체 내부에서 다투지 않는다' 라는 이념으로 규정합니다. 그것은 바로 공자(孔子, BC551~BC479)가 이야기했던 공동체 내부의 조화和를 중시하는 생각이라고 할 수 있습니다. 조화의 이념이 가장 강력하게 발휘되어 있는 것이 오륜五倫이라는 윤리 덕목일 겁니다. 그것은 '군주와 신하 사이의 관계君臣有義', '아버지와 자식 사이의 관계父子有親', '남편과 아내 사이의 관계夫婦有別', '어른과 아이 사이의 관계長幼有序', '친구 사이의 관계朋友有信' 를 조화롭게 만들려는 규범이었으니까요.

반면 박동환은 서양철학이 제안하는 도시의 논리를 다툼의 논리라고 이야기합니다. 그의 표현을 빌리자면 바로 '정체쟁의正體爭議' 의 논리가 되겠지요. 글자 그대로 서양철학은 '정체(identity)가 무엇인지를 따지는' 사유를 전개해 왔다는 것입니다. 서양철학을 상징하는 플라톤(Plato, BC428/427~BC348/347)의 여러 종류 저술

들은 대부분 소크라테스(Socrates, BC469~BC399)가 다른 사람들과 논쟁하는 장면들로 구성되어 있습니다. 이같은 논쟁에서는 주로 다음과 문제들이 다루어지고 있지요. "아름다움이란 무엇인가?", "용기란 무엇인가?", "국가란 무엇인가?" 모두 아름다움의 정체, 용기의 정체, 국가의 정체를 가려내려는 논쟁이었던 겁니다. 이런 논쟁에는 진정한 아름다움, 진정한 용기, 진정한 국가를 정의함으로써 유사 아름다움, 유사 용기, 유사 국가를 배제하려는 무의식적 의지가 반영되어 있었다고 볼 수 있지요.

간단히 말해 박동환에 따르면 동양의 도시 논리가 갈등을 배제하여 조화를 도모하려고 했던 반면, 서양의 도시 논리는 갈등을 인정하면서 그 갈등의 긴 과정을 거쳐 결국 올바른 하나의 진리를 세우려고 했다는 것입니다. 하지만 박동환은 결국 이 양자가 모두 특정한 도시, 혹은 공동체의 내부에서만 통용될 수 있던 논리 형식에 지나지 않다고 판단합니다. 그는 도시로 상징되는 인간 문명이란 것은, 거대한 자연의 대양 한가운데 떠 있는 초라한 배와도 같은 것이라고 보았습니다. 도시의 화려한 불빛에 가려 보이지 않지만, 도시의 바깥에는 인류가 태어나기도 전부터 존재하고 있었던 거대한 미지의 세계가 존재한다고 보았기 때문입니다. 박동환에 따르면 인간은 다른 생명체와 마찬가지로 거대한 미지의 세계로부터 나와서, 미지의 세계와 마주치면서 삶을 영위하고, 마침내는 미지의 세계로 소멸되어 갈 수밖에 없는 존재입니다. 그래서 박동환은 두 가지 도시 문명과는 다른 제3의 논리, 다시 말해 두 가지 도시 문명의 기저에 놓여 있는 더 심오한 생명의 논리에 기초해서 사유할 것을 강조했던 것입니다.

4. 항상 이미 동양철학과 서양철학을 넘어서 있던 한국적 사유

박동환이 제안했던 제3의 논리는 얼핏 들으면 생태학적(ecological) 사유의 일종인 것처럼 보이기도 합니다. 그렇지만 대부분의 생태학적 사유가 인간과 자연을 하나의 거대한 가족이나 혹은 하나의 네트워크를 구성하고 있는 것으로 보고 있다는 점을 상기해 보면, 박동환의 사유는 생태학적 사유와 구별될 필요가 있을 것 같습니다. 왜냐하면 그의 사유는, 살아 있는 생명체가 전혀 알지 못하는 미지의 혹은 두려운 세계와 직면해서 그것과 관계할 수밖에 없다는 생명의 논리를 전제로 하고 있기 때문입니다. 달팽이의 경우를 생각해 보세요. 달팽이가 미지의 세계에 대면할 수 있는 방법이라곤 머리에 달린 더듬이 하나밖에 없습니다. 사전에 알 수 없는 미지의 세계를 향해 한 발 한 발 더듬어 나가는 달팽이의 섬세하지만 긴장된 모습은, 박동환이 제안하는 제3의 논리, 즉 도시를 넘어서는 생명의 논리를 이해하는 데도 도움을 줍니다. 그런데 박동환은 제3의 논리가 결국 한국인의 삶 그리고 사유의 논리를 해명하는 열쇠가 될 것이라고 확신했던 것 같습니다. 그의 말을 직접 들어보도록 하지요.

> 서양철학에 대해서도 동양철학에 대해서도 한국사람은 다만 관망하고 모방할 뿐인 그래서 만들지 못하는 주변의 제 삼자다. 오늘 벌어지는 현대 철학자들 사이의 논쟁은 주변에 놓인 자에게는 구경거리에 지나지 않는다. (…) 주변에 놓인 자는 일시적으로 실현된 패권의 진리가 아니라 그것이 모두 무너져 흩어진 다음에도 남아 있을 원자의 진리를 구한다. 패권의 진리를 거부하는 그는 생명의 원자, 다름 아닌 모나드 곧 생명 개체의 깊이에 새겨진 억 년의 경험과 기억을

감각에 다가오는 영원의 접점, 현재에서 재현한다.

– 『안티 호모에렉투스』

박동환은 한국인이 항상 주변에 놓여 있는 제3자였다고 이야기합니다. 그에 따르면 동양철학을 대표하는 중국철학이 한반도에 들어왔을 때, 한국인은 그것을 관망하고 모방할 뿐이었습니다. 마치 길을 가다가 우연히 떨어진 옷을 잠시 동안 입고 있는 것처럼 말이지요. 서양철학이 유입되었을 때도 한국인은 역시 마찬가지였습니다. 낡은 옷을 버리고 새로운 옷을 입는 것처럼, 그저 밀려들어 온 서양철학을 한순간 이용했을 뿐이기 때문입니다. 그렇지만 박동환은 중국철학과 서양철학에 대한 한국인의 태도 이면에는 더 심오한 것이 있었다고 강조합니다. 일시적으로 번갈아가며 패권을 잡은 역사적 진리들이 아니라 영원히 지속될 생명의 논리를 한국인들이 따라왔다고 생각했기 때문입니다.

바로 여기서 박동환은 한국인이 가진 집요한 생명력의 기원을 찾을 수 있게 됩니다. 모든 도시의 철학, 모든 문명의 패권이 소멸해도 한국인은 도시 바깥의 논리, 즉 생명체가 가진 근원적인 삶의 논리를 체현하고 있었기 때문이라는 것이지요. 서양철학과 동양철학으로 대변되는 도시의 논리는 문명이 붕괴되었을 때 꿈처럼 사라질 것입니다. 그렇지만 박동환에 따르면 한국인의 삶과 사유 속에 흐르는 생명의 논리는 문명이 붕괴되어도 유지될 수밖에 없는 것입니다. 어찌 보면 철학자 박동환의 주장에 따름으로써 우리는 자신이 다른 주도적 문명권에 대해 모방과 수입만을 일삼았던 독창성 없는 사람이었다는 기존의 콤플렉스로부터 벗어날 수 있는 실마리를 얻을 수 있을지도 모릅니다. 도시의 관점에서 보았을 때 매우 협소하게 보였던 한국인의 무의식적 삶과 사유 논리 가운데, 일시적 패권에 좌지우지되지 않는 생명의 논리가 면면히 이어지고 있다고 보았기 때문이지요.

김준태 시인은 이렇게 노래했습니다. "사람 속에서 길을 찾다가, 사람들이 저마나 달고 다니는 몸이 이윽고 길임을 알고 깜짝깜짝 놀라게 되는 기쁨이여!" 이제 우리는 이 시인이 생각했던 몸 혹은 길의 형상이 과연 어떤 것인지 어렴풋하게나마 떠올려 볼 수 있습니다. 김준태 시인이 말한 몸이란 바로 박동환이 말한 제3의 논리, 즉 생명의 논리를 상징하는 것이기도 하기 때문이지요. 또한 시인은 "흙과 서로의 몸속에서 씨앗을 뿌리는 사람"이 바로 우리가 가야 할 길이라고 역설하고 있습니다. 흙으로 상징되는 미지의 세계와 몸으로 상징되는 생명체 사이의 연결, 화려한 문명의 빛이 반짝이는 도시 바깥 변두리에서 동양철학이니 서양철학이니 하는 어떤 외래의 이념에도 흔들리지 않고, 수확의 기대 없이 씨앗을 뿌리는 농부의 모습에서 시인은 한국인이 뿌리를 내리고 있는 생명의 논리를 발견했던 것입니다. 모든 것이 무너져도 남아 있을 수밖에 없는 생명체와 세계 사이의 관계를 시인은 이렇게 자신의 노래를 통해 표현했던 셈입니다. 아마 박동환이라면 김준태 시인이 제안한 길, 우리가 다시 한 번 가야 할 길을 다음과 같이 표현했을지도 모릅니다. "생명은 언제나 불확실한 [ ]를 향하여 모색하며 결단한다"라고 말이지요.

시인의 말

먼 길을 걸어왔다. 인생 67년, 한국문단에 몸을 내놓은 지 45년이 된다. 그러나 나는 지금도 남녘 땅 산촌, 바닷가 고향마을 개나리꽃 생울타리 아래서 아장아장 걸음으로 나비를 좇고 있는 세 살배기 아기가 아닐까. 밑 터진 바지 속에 작지만 고운 불알을 반짝반짝 달고서 엉거주춤 잘도 넘어지던, 부끄러움도 모르고 둥글둥글 웃음을 웃던 그런 놈은 아닐는지.

하지만 나는 일제강점기를 거쳐 1945년 이후, 한반도에 휘몰아친 분단의 역사 그 격랑을 몸으로 겪으면서 어느새 얼굴과 심장이 알게 모르게 부어터지고 손가락은 거칠어져 버린 것은 아닐까. 그러함에도 불구하고 내가 삶에 있어서나 시에 있어서 이 땅의 모든 사람들의 몸속에 이미 유전인자로 들어와 자리를 잡아 버렸을지도 모르는 그런 샤먼(shaman)처럼 끊임없이 노래하며 '길 찾기'에 나섰던 것은 속일 수 없는 고백이다. 나로서는 그 첫 번째의 작업이 고향의 흙(논과 밭) 위에서 출발한 것이었는데 첫 시집 『참깨를 털면서』(창비)가

그것이고 「감꽃」과 같은 시가 나의 혹은 우리들의 길 찾기에서 비롯되었을 것 같다.

어릴 적엔 떨어지는 감꽃을 셌지
전쟁통엔 죽은 병사들의 머리를 세고
지금은 엄지에 침 발라 돈을 세지
그런데 먼 훗날엔 무엇을 셀까 몰라.

갑오년(2014) 봄, 그런데 정말이지, 열세 번째 시집으로 펴내는 『밭詩』에서도 나의 '길 찾기'는 계속되고 있다는 사실이다. 이 무슨 숙명적인 운명적인 시 작업인가. 이 땅 한반도의 분단에 원인제공을 한 일제강점기와 6·25한국전쟁, 전후 40년 독재시대, 베트남전쟁 참전, 농촌대탈출(Rural Exodus), 도시산업사회화와 고향(농촌)의 붕괴, 5·18항쟁과 민중사회의 대두, 포스트모더니즘(해체주의)으로 점철되는 사회현상을 거치면서도 나의 '길 찾기'는 그러나 놀랍게도 흙 위에서, 대지의 지평선에서 계속되고 있었다는 것을 발견한다. 어제의 시가 아닌 오늘의, 내일의 시를 고집하고 있음에도 흙 위(속)에서 마이웨이를 열어 간다. 생명과 하나됨(통일)의 세상을 노래할 때도 나의 시는 당연히 흙에서 '밭詩의 실크로드'를 구축한다. 10여 년 전 문학과 지성사에서 나왔던 시집 『칼과 흙』, 『지평선에 서서』에서도 '밭詩연작'이라는 부제를 붙여서 120여 편 발표한 바 있다. 그리고 이번 문학들에서 출간되는 『밭詩』에서도 약 70여 편의 시 모두가 따로 부제는 안 붙였지 '밭詩'의 반열이다. 그런 뜻에서 「땅」, 「봄날시작詩作」이라는 시도 태어났을 것으로 생각해본다.

> 땅 위에/씨앗을 뿌리면/밭이 되지만//땅
> 위에/씨앗을 뿌리지 않으면/총칼이 쌓인다.
>
> -「땅」

> 경칩 날, 詩 한 편 써서 밭고랑에 뿌려 주었더니
> 저것 봐라, 펄떡펄떡 뛰어오르는 토종 개구리들!
>
> -「봄날시작詩作」

프랑스의 문명비평가 '에드가 모랭'은 우리 인류가 지금 '지구적 철기시대' 즉 우라노스기紀(L' ere Ouranienne)에 살고 있다고 진단한다. 고대 그리스신화에 따르면 대지(흙)의 신 가이아의 아들이며 남편인 우라노스의 행위는 혼돈과 폭력적 격랑의 시대를 상징한다.

그리고 물론 기계가 신이 된 오늘의 세계를 우화화한다. 많은 거인들과 신들을 낳은 천공의 신 우라노스는 아들들을 모두 암흑 속에 집어넣다가 결국에는 막내아들 크로노스에게 생식기마저 잘리는 비극을 당한다.

'에드가 모랭'은 이 신화에 준거하여 18세기 산업혁명시대부터 오늘에 이르기까지 그 전모를 드러내는 국민국가들의 충돌과 도시문명의 카오스상태를 두고 '우라노스기'라고 명명한다. 더욱 가속도가 붙은 20세기 넘어 21세기의 철기시대의 속도전쟁과 헝클어짐 혹은 뒤엉킴의 문명과 문화 속에서 나의 시는 그래서 당연히 흙을 끌어들여 와 '대지적 세계'를 꿈꾸는 것인지도 모른다. 그러나 일련의 '밭詩연작시' 중에서 서시나 다름없는 「길」이란 작품에서 "더러는 사람 속에서 길을 잃고/더러는 사람 속에서 길을 찾다가" 이윽고는 "흙과 서로의 몸속에 씨앗을 뿌리는 사람이 바로 길이었다."고 노래하는 것을 잊지 않고 싶다. 이것이 나의 꿈인 것을 어찌하랴.

나의 시집 『밭詩』 원고를 이토록 오래 기다려 준, 평소 내가 존경하는 『문학들』 송광룡 사장께 심심한 사의를 표한다. 32여 년 전이던가. 당시 〈금호문화〉에 재직

하던 송 형께서 동료직원 정명철 형과 함께 나의 고향 땅끝 마을 중의 하나인 해남군 화산면 대지리로 취재를 가서 두루두루 산자락과 논밭의 흙과 그곳의 하늘과 억새풀과 바람 소리를 애련한 모습으로 어루만져 주었던 그 순간을 나는 지금도 기억하고 있다. 송 형, 다시 한 번 크게 감사드린다. 그리고 『철학적 시 읽기의 즐거움』에서 나의 밭詩들을 두루 살펴 주시고 또 시집 해설까지 흔쾌히 써 주신 서울의 강신주 철학박사께 거듭 인사드린다.

말없이 나의 시의 길을 부추겨 준 삼천포에서 시집온 아내와 두 아들과 며느리들과 그리고 큰 기쁨 못지않게 '아름다운 깨달음' 을 선사해 주는 쌍둥이 손자들과 손녀딸에게도 더 포근하고 따뜻한 손을 내밀고 싶다. 모든 이웃들에게도 이 봄에 대지를 적시는 '봄비' 처럼 가만가만한 소리로 젖어가고 싶다.

2014년 2월, 입춘지절에

김준태 손을 모아, 합장!

김준태金準泰

1948년 전남 해남 출생. 1969년 〈전남일보〉·〈전남매일신문〉 신춘문예에 시 당선, 월간 『시인』지로 나와 시집 『참깨를 털면서』, 『나는 하느님을 보았다』, 『국밥과 희망』, 『불이냐 꽃이냐』, 『넋통일』, 『오월에서 통일로』(판화시집), 『아아 광주여 영원한 청춘의 도시여』, 『칼과 흙』, 『통일을 꿈꾸는 슬픈 색주가色酒歌』, 『꽃이, 이제 지상과 하늘을』, 『지평선에 서서』, 『형제』(육필시집) 등을 펴냈으며 1995년 〈문예중앙〉에 중편소설 「오르페우스는 죽지 않았다」를 선보인 이후 100여 편의 액자소설을 발표했다. 문학평론집 『5월과 문학』, 『시인은 독수리처럼』, 문명비평집 『21세기말과 지역문화』, 에세이집 『인간의 길을 묻고 싶다』, 한국·세계명시해설집 『사랑의 확인/사랑의 변주(상·하권)』를 출간하고 역서로 베트남전쟁소설 『그들이 가지고 다닌 것들』(팀 오브라이언), 세계문학기행집 『세계문학의 거장을 만나다』, 남과 북·해외동포시인들 통일시에 해설을 붙인 『백두산아 훨훨 날아라』 등을 펴냈다. 현재 조선대 문예창작과 초빙교수로 재직 중이다.

e-mail | kjt487@hanmail.net

문학들 시선 001

밭詩

초판1쇄 찍은 날 | 2014년 2월 10일
초판1쇄 펴낸 날 | 2014년 2월 20일

지은이 | 김준태
펴낸이 | 송광룡
펴낸곳 | 문학들
등록 | 2005년 8월 24일 제2005 1-2호
주소 | 501-841 광주광역시 동구 천변우로 487(학동)2층
전화 | 062-651-6968
팩스 | 062-651-9690
전자우편 | munhakdle@hanmail.net

ISBN 978-89-92680-78-3 03810